18 JANVIER 1903

IMPRIMERIE ÉD. CRÉTÉ ○ ○ ○ ○ ○ ○
○ ○ ○ ○ ○ ○ ○ ○ ○ ○ ○ ○ ○ ○ CORBEIL
Librairie J.-B. BAILLIÈRE et FILS
○ ○ ○ ○ ○ ○ ○ ○ ○ ○ ○ ○ ○ ○ ○ PARIS

HOMMAGE

AU PROFESSEUR

BROUARDEL

18 JANVIER 1903

Le 18 janvier 1903, les Élèves et les Amis du Professeur BROUARDEL se sont réunis à dix heures du matin dans le grand amphithéâtre de la Faculté de médecine, orné de drapeaux, de tentures et de feuillages, pour lui remettre la Plaquette qu'ils lui offraient par souscription à l'occasion de son élévation à la dignité de Grand Officier de la Légion d'honneur et dont l'exécution avait été confiée à l'éminent artiste ROTY.

M. CHAUMIÉ, ministre de l'Instruction publique, présidait cette cérémonie, entouré de MM. LIARD, vice-recteur, BAYET, directeur de l'enseignement supérieur, DEBOVE, doyen de la Faculté de médecine, CROISET, doyen de la Faculté des lettres, DARBOUX, doyen de la Faculté des sciences, CHAUVEAU et ROTY.

Outre les élèves et les amis de M. BROUARDEL, l'assistance comprenait sa famille et la plupart de ses collègues.

Des discours furent successivement prononcés par MM. Gilbert, professeur de thérapeutique à la Faculté de médecine ; Marey, professeur au Collège de France ; Croiset, Lacassagne, professeurs de médecine légale à la Faculté de médecine de Lyon ; Lereboullet, secrétaire général de l'Association générale des médecins de France ; Barth, secrétaire général de l'Association des médecins de la Seine ; Séailles, vice-président du Syndicat des médecins de la Seine ; Debove et Chaumié.

En dernier lieu, M. Brouardel prit la parole.

La séance fut levée à onze heures, au milieu des félicitations que chacun des assistants tint à venir présenter à M. Brouardel.

G.

DISCOURS

DE

M. GILBERT

MON CHER MAÎTRE,

DEPUIS quelques années, une coutume nouvelle, aimable et touchante à la fois, s'est établie, qui consiste dans la remise à nos maîtres les plus éminents et les plus affectionnés de leurs traits gravés sur le métal. Et, nul pays n'était plus propice à une telle innovation que celui-ci, où l'on voit, à côté de grandes personnalités scientifiques, fleurir de si délicats et habiles artistes.

En raison du lustre que vous avez jeté sur la médecine française et à cause de la place que vous avez prise dans nos cœurs, votre profil, mon cher maître, était attendu par le bronze et l'argent où vient de le fixer impérissablement le premier des graveurs de ce temps, M. Roty.

Sur la plaquette que vous remettra M. le ministre de l'Instruction publique, à côté de votre image, est écrite, en symboles d'un choix heureux, l'histoire de votre vie.

Cette femme, qui, au revers, soulève le voile dont une autre femme est vêtue et inonde son visage des clartés d'une lampe qu'elle tient à la main, c'est *La Science qui découvre la Vérité*, et, dans l'espèce, la science médico-légale qui éclaire la justice. Que de fois, n'avez-vous point tenu vous-même cette lampe et soulevé ce voile, devant les juges assemblés ?

Cette Hygie, qui, dans le bas-relief de l'avers, donne la pâture à son serpent familier, c'est l'Hygiène, dont en France, vous êtes le protagoniste depuis tant d'années. Et cette colonnade, qui se profile sous les regards de la fille d'Esculape, n'est pas, comme on pourrait le croire, celle d'un temple grec voué au dieu de la guérison, mais celle de notre École, construite au XVIIIe siècle, sanctuaire de l'Enseignement médical, dont vous fûtes, pendant quatorze ans, le Doyen aimé et vénéré !

Sur ce trépied : Médecine légale, Hygiène, Décanat, vous avez, mon cher maître, fait reposer les assises de votre existence et édifié votre gloire !

Héritier de Tardieu à la Chaire de médecine légale de la Faculté, vous avez pu, par la clarté d'un enseignement judicieux, par vos travaux et par vos livres, éclipser la grande renommée de votre devancier. Vous avez fait école, et vos disciples sauront eux-mêmes transmettre à leurs élèves les principes qu'ils ont reçus de vous. Ils n'oublieront jamais notamment, que pour conserver, dans l'esprit des juges, l'autorité que vous lui avez acquise, la médecine légale ne doit jamais faire état des conjonctures, mais exclusivement des faits scientifiquement établis, qu'en d'autres termes, elle doit savoir, à l'occasion, avouer son impuissance, si elle veut, lorsqu'elle prononce, entraîner la conviction.

Président du Comité consultatif d'hygiène, vous avez mis, au service de la santé publique, votre connaissance approfondie des causes morbides. La prophylaxie de la fièvre

typhoïde, pendant de nombreuses années, a été particulièrement l'objet de vos préoccupations. Plus récemment, c'est
à la tuberculose que vous avez déclaré la guerre. Entre
temps, représentant de la France, dans les grands Congrès
internationaux, vous y preniez les mesures nécessaires contre
les fléaux asiatiques, la peste et le choléra. Nul ne sait le
nombre de vies que, comme hygiéniste, vous avez préservées.
Si le rôle du thérapeute est souvent ingrat, celui de l'hygiéniste l'est toujours. Dès le début de vos travaux, vous ne
l'ignoriez certes pas. Que vous importait? Les bienfaiteurs
de l'humanité ne cherchent pas dans la reconnaissance de
celle-ci leur récompense !

Doyen de la Faculté pendant quatorze ans, élu à l'unani-
mité des voix, vous avez abandonné de vous-même le
décanat, au milieu des regrets unanimes de vos collègues
et des étudiants. Vous aviez mené sagement la barque
de l'École, accomplissant les réformes nécessaires et,
notamment, assurant, par la spécialisation des agrégés,
les enseignements spéciaux. Votre décanat sera cité
comme l'un des plus longs, l'un des plus féconds en réformes, l'un des plus heureux pour la Faculté, l'un des
plus regrettés !

Ainsi, mon cher maître, et comme médecin légiste, et
comme hygiéniste, et comme doyen, vous avez droit à notre
reconnaissance, et, cette plaquette que nous vous offrons
n'est qu'un faible hommage rendu à l'homme dont le rôle
social fut si bienfaisant dans le passé et s'annonce comme
devant être encore si utile dans l'avenir !

Symboliste et poète inspiré dans le récit gravé de l'œuvre
que vous avez accomplie, M. Roty s'est saisi du burin réaliste

pour la fixation de vos traits, et du métal, sous sa main, votre image est sortie vivante !

Oui, tel est bien le front du travailleur obstiné, que vous êtes, où s'abrite une intelligence lumineuse, un esprit tenace et souple, un jugement équitable et sûr.

Tel est votre regard, où se lit cette douceur, cette bienveillance et cette bonté auxquelles vous devez, pour une bonne part, votre immense popularité !

Et telle est la moustache gauloise, dont l'atavisme vous a pourvu, en même temps que de cette bonne humeur qu'on appelle communément la gaieté française !

Oui, tel est votre visage, tel est le maître que nous aimons, nous, vos élèves, vos amis, dont je suis le porte-paroles !

Le récit de votre œuvre et votre portrait forment un ensemble harmonieux, sur cette plaquette, que la postérité contemplera et commentera.

Ce ne sera pas, pour nos descendants un mince sujet d'étonnement, qu'un seul homme, qu'un unique Brouardel, ait pu occuper une si large place dans la vie médicale et publique de son temps !

Ce serait également un problème pour nous, si nous ne savions les sacrifices que vous avez su faire, pour remplir intégralement votre devoir : naguère, vous aviez pris le goût de travaux personnels de clinique et d'anatomie pathologique... pour accomplir la mission que la Justice vous confiait, ou l'État, ou bien pour remplir la charge dont vos collègues vous déléguaient l'honneur, vous les avez abandonnés ; vous vous étiez constitué une nombreuse et riche clientèle, vous l'avez licenciée ; il n'est pas jusqu'aux vacances annuelles, au repos du dimanche, aux multiples distractions de la vie, que vous n'ayez sacrifiés ! C'est pourquoi vos élèves et vos amis ont voulu que votre plaquette portât cette inscription : « Avant ses intérêts privés, il plaça toujours l'intérêt public, *publica privatis semper praetulit.* »

DISCOURS

M. MAREY

Cher ami,

C'est à nos vieilles et affectueuses relations que je dois l'honneur de prendre la parole dans cette solennité. On m'a considéré comme le plus ancien et le plus intime de tes amis, et en effet, voilà près d'un demi-siècle que j'éprouve la sûreté de ton affection et le charme de ton caractère.

Tu étais encore externe et je finissais mon internat quand le hasard nous réunit, pour une année, dans le vieil hôpital Cochin. Cette vie en commun établit bien vite entre nous une amitié qui devait durer toute notre vie.

Nos familles elles-mêmes se rapprochèrent et ma vieille mère a joui pendant trente ans de l'intimité de la tienne. A parler de leurs fils, ces excellentes femmes trouvaient toujours les heures trop courtes. De quoi s'entretenaient-elles ? de notre avenir, sans doute, de leur espoir de voir leurs fils mariés. Ta mère a eu cette satisfaction.

Que ta charmante femme me permette de la remercier pour l'affectueux accueil qu'elle a fait à ton vieil ami lorsqu'elle est venue apporter à ton foyer son charme, ses talents, sa bonne humeur constante si précieuse pour faire diversion à tes austères travaux.

Dès le début de nos études, nos tendances scientifiques étaient déjà différentes, et, à mesure que notre intimité croissait, cette différence s'affirmait davantage. Pendant que tu suivais la carrière médicale officielle et que tu en brûlais les étapes pour t'élever aux plus hauts sommets, moi, je me laissais entraîner par une passion grandissante pour la physiologie, vers un avenir problématique, sans me préoccuper beaucoup de ce qu'on appelle les réalités de la vie. Nous avons du reste été poussés dans des voies différentes par l'exemple et par les conseils de deux amis dont la mémoire nous est bien chère : Paul Lorain et Alphonse Milne-Edwards.

Lorain, qui a eu l'honneur de professer dans cette École, avait été mon interne dans le service de Nélaton ; depuis lors nous étions restés grands amis et nous avions même entrepris, certain jour, de travailler en commun. Lorain nous avait découvert, rue de l'Ancienne-Comédie, un immense atelier de douze mètres de côté construit dans les cintres de l'ancien Théâtre-Français. Nous y fondâmes le premier laboratoire libre de physiologie médicale. Lorain y installa sa bibliothèque, j'y apportai mes instruments et toutes sortes d'animaux d'expérience. Des oiseaux de grande taille, munis d'appareils inscripteurs, pouvaient voler comme en liberté dans cette énorme salle.

Mais tous les quinze jours cet attirail scientifique était relégué dans les coins ; on dressait une grande table et un dîner plein de gaieté s'improvisait. Il était aussi plein d'imprévu ce dîner, car chacun apportant son plat, il arrivait parfois que tout le monde avait eu la même idée : nous avons ainsi connu le dîner des homards.

Quant aux convives, c'était quelquefois nos deux mères, le plus souvent ton frère, tes amis et les miens, plusieurs d'entre eux avec leurs jeunes femmes. On y voyait Alphonse Milne-Edwards, Albert Geoffroy, Ch.-H. Martin, Lorain, About, les Dumesnil, Chabrier, une mienne cousine et son mari. Et quand on se séparait, fort tard, en s'ajournant à quinze jours, on avait fait de la musique, dansé et même soutenu des conversations sérieuses. Car c'est là que Lorain cherchait à me convaincre qu'on ne pouvait utilement faire de la science sans passer par les concours des Hôpitaux et de l'Agrégation. Ses arguments me touchaient peu ; pour faire plaisir à mon ami, j'ai bien risqué une fois le bout du doigt dans l'engrenage, mais je m'en suis retiré bien vite et prudemment.

Avec toi, cher ami, Lorain n'avait pas à se mettre en frais d'éloquence ; il eût prêché un convaincu. Déjà, en effet, le concours t'avait prodigué ses faveurs : il t'avait nommé à l'internat le premier de ta promotion, tu avais conquis mentions et médailles, enfin tu sentais bien que les décisions d'un jury sont toujours justes pour les candidats d'une valeur indiscutable.

Dans cette voie que tu t'étais tracée, Lorain suivit tes progrès avec la plus affectueuse sollicitude ; il eut la joie de te voir, en une même année (1869), nommé à la fois médecin des hôpitaux et agrégé de la Faculté de médecine.

Lorain avait succédé à Tardieu comme médecin légiste ; très apprécié auprès des tribunaux pour ses connaissances profondes, son tact, sa prudence, il voulut te guider dans cette difficile carrière où tu devais, plus tard, devenir un maître.

Il l'associait aussi à ses études personnelles quand il recueillait dans son service à l'hôpital Saint-Antoine les éléments d'un grand ouvrage sur la température dans les maladies.

Nul n'a su quel pressentiment faisait craindre à Lorain de ne pouvoir achever son œuvre, mais lorsqu'une mort prématurée nous l'enleva subitement, tu étais, depuis plusieurs années, désigné dans son testament pour rassembler les matériaux du livre et en faire la publication.

Cette volonté suprême d'un maître et d'un ami tu l'as accomplie pieusement et malgré tes occupations sans nombre, tu donnas deux années à cette tâche laborieuse. Grâce à toi, un des plus beaux ouvrages de physiologie médicale nous a été conservé.

Je ne rappellerai pas le glorieux développement de ta carrière scientifique. Je ne crois pas qu'un autre de tes collègues à la Faculté ait eu des succès égaux aux tiens, ni reçu des distinctions pareilles à celles que tu as méritées et dont la fête d'aujourd'hui est le brillant couronnement.

Ce qui décida de ma vocation de physiologiste, c'est ma liaison avec un de tes amis, Alphonse Milne-Edwards. Il était tout jeune quand je le connus, plein de gaieté et d'entrain, mais laborieux, énergique et préparé, dès l'enfance, aux sciences naturelles. Je fus bientôt reçu cordialement dans sa famille où je voyais son père se retirer aussitôt après le dîner pour travailler, toutes les nuits, jusqu'à une heure très avancée, à son grand *Traité de physiologie et d'anatomie de l'homme et des animaux*. Très accueillant pour les amis de son fils, M. Milne-Edwards s'intéressa à mes expériences, et m'offrit d'en publier les résultats dans

les *Annales des sciences naturelles.* Mes deux premiers
mémoires furent insérés dans ce recueil : l'un, sur la con-
tractibilité vasculaire, et l'autre, sur les phénomènes hydrau-
liques de la circulation du sang.

Être imprimé ce n'était pas alors une sensation banale
pour un jeune physiologiste, car il n'y avait alors ni jeunes
physiologistes, ni journaux spéciaux. La Société de biologie
venait à peine de se fonder. On savait bien qu'il existait
dans les hautes sphères de la science deux hommes qui
s'appelaient Flourens et Claude Bernard et que tous deux
avaient fait de grandes découvertes en expérimentant sur
les animaux. Mais qui pouvait penser à atteindre des situa-
tions pareilles ? Je me résignai donc à être, comme tu disais,
« physiologiste en chambre ».

Un jour, dix ans plus tard, un grand ministre, Duruy,
découvrit mon existence. Il voulut visiter mon laboratoire,
l'annexa à l'école des Hautes-Études qu'il fondait alors :
bientôt Duruy me chargeait du cours de Flourens qui venait
de mourir ; deux ans après, j'étais nommé titulaire de la
chaire.

Tu vois donc, cher ami, quelle influence tu as eue sur
l'orientation de ma vie. C'est par toi que j'ai été accueilli
dans un milieu scientifique dont je ne soupçonnais pas
l'existence et où j'ai trouvé des conseils et des appuis.

Mais à mesure que les années se suivaient, nos occupations
devenaient de plus en plus différentes. Une fois cependant,
mais une seule, dans le cours de nos carrières déjà longues,
nous avons eu l'occasion de travailler en commun ; ce fut
à propos d'une question d'hygiène : les modes de trans-
mission du choléra.

En avons-nous compulsé des observations médicales !
L'Académie de médecine nous les envoyait par pleines voi-
tures à bras. C'est alors que ton élève Thoinot, devenu
depuis notre ami, montra son zèle, son goût, pour l'hygiène
et préluda à ses travaux dans cette voie où tu l'as guidé.

La vie très occupée nous avait pris tous deux; plus de
villégiature en commun, plus de ces voyages si gais de notre
première jeunesse. On ne se voyait plus qu'en dînant l'un
chez l'autre. Hors cela, chaque fois que je tentais de sonner
à ta porte, je trouvais ta mère dont l'excellent accueil me
consolait du moins de ton absence. « Mon fils, disait-elle, est
d'examen, ou juge d'un concours, ou bien au Palais de
justice, à la Morgue, au Conseil d'hygiène », que sais-je
encore? Et elle se lamentait : « Paul n'a plus un instant à
lui; c'est encore pis que l'année dernière; je ne sais comment
il peut y suffire. » Mais les yeux de la chère ambitieuse
démentaient ses paroles de regrets et c'est avec une expression de fierté maternelle qu'elle se lamentait sur ta vie si
occupée.

Tu lui as donné de grandes joies à ta mère, et à ta femme
aussi. Elles t'ont vu grandir en science et en célébrité,
devenir l'arbitre des hautes questions de médecine publique,
le président des Congrès internationaux, le conseiller de nos
gouvernants, l'organisateur de toutes les entreprises, des
associations et des ligues dirigées contre les maladies trans-
missibles.

Sous ton influence, a déjà diminué, d'une manière sensible, la mortalité par les maladies contagieuses; elle dimi-
nuera bien plus encore, quand l'opinion publique sera mieux
éclairée, quand chacun comprendra mieux ses devoirs

envers la société. Car l'hygiène est la plus haute démonstration de la solidarité humaine. Elle prouve que protéger les autres contre les causes de contagion, c'est le plus sûr moyen de se protéger soi-même.

Ta vie, mon cher Brouardel, s'est passée tout entière dans la lutte pour le bien public. Et si nos gouvernants devaient proportionner les récompenses aux services rendus, ils n'auraient pas assez de distinctions à t'offrir.

Ta nouvelle promotion dans la légion d'honneur, la remise solennelle de cette médaille offerte par souscription sont des témoignages d'estime et d'affection dont tu dois être profondément touché.

Parmi ceux que rassemble cette glorieuse cérémonie, ton vieil ami n'est pas le moins heureux, ni le moins fier de t'apporter son hommage.

M. Marey étant souffrant, c'est M. Chauveau qui voulut bien se charger de lire son discours.

DISCOURS

DE

M. CROISET

Mon cher collègue,

PERMETTEZ-MOI d'ajouter, aux éloquentes paroles que vous venez d'entendre, quelques paroles très simples, mais très cordiales, au nom de la Société pour l'étude des questions d'enseignement supérieur, qui a eu l'honneur de vous avoir pour président et qui tient à vous exprimer aussi sa reconnaissance pour les services que vous lui avez rendus. C'est une société modeste; non que les sujets de ses études soient d'importance médiocre, car toutes les questions d'enseignement sont parmi les plus graves qui s'offrent à une démocratie; mais nos séances sont paisibles, et les grands journaux ne s'en occupent guère. Quoique vous soyez l'un des hommes les plus occupés de Paris, vous n'avez pas dédaigné de nous donner une part de votre temps. C'est que vous êtes de ceux qui, toujours occupés, jamais affairés, ont l'art de trouver encore, dans une vie déjà remplie, quelques instants pour toute œuvre utile. Vous nous avez rendu de grands services. Les sociétés, comme les individus, sont parfois exposées à s'endormir. Avec vous, il n'y a pas moyen de s'endormir. Vous avez à un rare degré le don précieux de la vie. Tout vous intéresse, et vous rendez tout intéressant. Il y a bientôt trois ans, dans cette période d'Exposition universelle et d'innombrables Congrès dont quelques-uns d'entre nous ne peuvent se souvenir sans un peu d'effroi, vous avez été toujours sur la brèche, et au premier rang. Votre qualité de président de notre société vous désignait pour la présidence du Congrès international d'enseignement supérieur. Alors que tant d'étrangers de distinction se pressaient à nos séances, nous avons été fiers que la France y fût représentée par vous. Votre intelligence agile et lucide, votre bonne grâce souriante dominaient sans effort toutes les discussions, où vous répandiez une atmosphère lumineuse et cordiale. C'était un plaisir d'être ainsi présidés. Dans nos séances plus intimes, vous n'avez cessé de nous donner, avec la même aisance et la même prodigalité, votre précieux concours. C'est pour cela que nous sommes heureux de joindre aujourd'hui notre témoignage à celui de tous vos élèves et de tous vos amis. Permettez-moi d'ajouter, mon cher collègue, que je suis personnellement charmé de m'être trouvé désigné par les circonstances pour devenir, dans cette fête toute cordiale, l'interprète des sentiments unanimes de tous les membres de notre société.

DISCOURS

DE

M. LACASSAGNE

Monsieur le Ministre,
Mesdames, Messieurs,
Mon cher ami,

LES médecins légistes avaient toutes raisons de penser qu'il viendrait un jour où il faudrait publiquement rendre hommage au professeur de médecine légale de la Faculté de Paris.

Il n'est aucun de nous qui ne vous ait fait quelque emprunt ou n'ait bénéficié de vos recherches. Depuis plus d'un quart de siècle, vous formez des élèves. Ceux qui sont presque de votre âge et cultivent de leur côté la médecine légale se sont vite rangés parmi vos disciples.

Tous, nous avons été frappés par votre méthode, par vos procédés d'enseignement.

Les leçons théoriques reflètent l'état des connaissances modernes; on n'y trouve pas des hypothèses hasardeuses, mais des faits précis, des descriptions techniques et parfois une anecdote typique à propos d'un symptôme ou d'une lésion. C'est tout cela qui rend si instructifs les quatorze volumes qui ont reproduit votre enseignement plein de vie, de science, et, ce qui ne gâte rien, de bonne humeur.

L'enseignement pratique à la Morgue, créé par Devergie et Tardieu, a été perfectionné, et, avec l'aide de quelques-uns de vos élèves, devenus maîtres à leur tour, vous avez pu explorer certains coins de la science jusque-là restés dans l'ombre. Pour toutes les démonstrations médico-légales, après avoir tracé les règles de l'autopsie et indiqué vos conclusions, vous avez discuté celles-ci dans de remarquables rapports que vous avez ensuite exposés devant le jury. Au Palais, où il y a comme des cliniques oratoires, votre talent, fait de clarté et de précision, a toujours impressionné et le plus souvent déterminé des convictions.

Le moyen âge déclarait, non sans quelque idée dominatrice : *medicina ancilla justiciæ*. Vous avez montré que, de nos jours, la médecine n'est plus la servante, mais le plus souvent une auxiliaire indispensable et parfois l'arbitre décisif. Comme au temps d'Ambroise Paré, les jurisconsultes jugent selon qu'on leur rapporte. Les juges qui vous ont écouté ont vu que vous n'étiez pas toujours affirmatif, que vous saviez être réservé. Ces principes, vous les avez enseignés avec plus de force et de netteté à vos élèves, qui sont allés ensuite porter la bonne parole devant un grand nombre de tribunaux. Avec Rabelais vous leur dites : « il faut voir, connaître, apprendre, » et vous ajoutez : « il est surtout indispensable de savoir douter ; on ne doit ni affirmer, ni nier ce qui ne peut être démontré. »

Vous insistez sur ce point, qu'entre la grande probabilité et la certitude, il y a la même différence qu'entre le très grand et l'infini. On estime ou on mesure des probabilités ; il n'y a pas de degrés pour la certitude : elle est une. Vous avez justifié, en la modifiant, cette pensée de Rousseau, la médecine légale est infaillible, ce sont les médecins légistes qui se trompent.

Vos rapports ne sont pas seulement des exemples, mais des modèles. Vous voulez que pour résoudre les problèmes médico-légaux on procède comme en clinique, c'est-à-dire que l'on recueille et analyse un grand nombre d'observations précises. Vous l'avez excellemment dit : « il ne suffit pas de vouloir bien faire, il faut savoir comment faire. »

Avant de parler des maladies « évitables », vous aviez, en médecine légale, fait voir qu'il y a des erreurs assez fréquentes et que l'on peut ne pas commettre.

Et vous le prouviez, avec une certaine bonhomie, par le récit d'un fait ou d'une circonstance qui frappe et s'impose à la mémoire par son côté étrange ou plaisant. J'ai lu dans un vieil auteur qu'il y avait près du Panthéon une statue d'Athénée Hygicia, la déesse de la Santé et de la Bonne Humeur. Je me suis demandé souvent si vous ne lui faisiez pas de fréquentes dévotions.

J'ai la conviction que l'enseignement et la pratique de la médecine légale ont bien révélé votre nature et montré votre valeur. L'homme agit plus en obéissant à ses sentiments qu'à son intelligence, et c'est ainsi que les grandes pensées, traduites en actes, viennent du cœur.

Voilà bien les raisons de votre surprenante activité. Je ne crois pas qu'il y ait eu un moment de votre vie où vous ayez songé à vous reposer. Il vous a toujours paru indispensable de travailler, de faire des efforts pour les autres. Vous avez encore eu raison de penser qu'à un certain âge, l'arrêt est un engourdissement.

L'hommage qui vous est dû n'aurait pas été complet, et

j'en suis sûr, votre contentement aurait été amoindri si, à cette cérémonie, un médecin légiste de province n'était venu, au nom de ses collègues, dire l'estime et la vénération que nous avons pour votre talent et votre personne. Je suis particulièrement heureux d'avoir porté la parole en leur nom et il ne pouvait être pour moi, votre ami de longue date, de plus douce satisfaction.

DISCOURS

DE

M. LEREBOULLET

Messieurs,

L'Association générale des médecins de France ne peut rester étrangère aux manifestations de respect et de gratitude qui s'élèvent de toute part le jour où l'on fête son Président.

Si les maîtres de l'Université sont venus affirmer ici les éminents services rendus par M. Brouardel à l'Enseignement supérieur; si ses collègues et ses élèves ont pu louer la hauteur de vues et la merveilleuse clarté qui caractérisent ses leçons et ses livres; si la magistrature française et les médecins légistes rendent un juste hommage à la rectitude de son jugement et à la droiture de son caractère, combien doivent être pénétrés de reconnaissance envers le maître, qui a honoré son temps et son pays, tous ceux qui, sans le lasser jamais, font d'incessants appels à son inépuisable dévouement.

Or il y a près de quarante ans, mon cher Président, que vous vous êtes inscrit parmi les membres de notre association et, depuis quarante ans, soit qu'il ait été question de légiférer sur la médecine, soit qu'il ait été nécessaire de défendre les médecins, toujours nous vous avons trouvé, mettant, avec la plus cordiale bonne grâce, avec une ardeur et un entrain que bien des jeunes gens pourraient vous envier, votre inlassable activité, votre haute intelligence et votre cœur généreux au service des déshérités de la profession médicale.

C'est donc au nom de tous nos sociétaires que je viens vous offrir aujourd'hui non seulement des félicitations et des vœux, mais encore l'hommage d'une gratitude qui ne se tarira jamais.

La bienfaisance et la bonté laissent, en effet, comme la science et le génie, des souvenirs impérissables et votre nom vivra parmi ceux de nos bienfaiteurs, car toujous vous êtes resté fidèle à cette loi de solidarité, de désintéressement et de charité, qui unit les plus humbles aux plus élevés dans la hiérarchie médicale et qui, depuis sa fondation, a été la devise et la règle de l'Association des médecins de France.

DISCOURS

DE

M . BARTH

Mon cher maître,

L'Association des médecins du département de la Seine, qui, depuis quinze ans, a l'honneur de vous avoir pour président, ne veut pas être oubliée dans la solennité d'aujourd'hui ; elle vous offre par ma bouche son tribut d'hommages et de reconnaissance.

Des voix plus autorisées ont célébré en vous le maître universellement écouté, le rénovateur de la médecine légale, l'hygiéniste hors de pair, le négociateur des traités sanitaires et des alliances scientifiques, le promoteur de la croisade contre les maladies populaires !

Notre Société applaudit à ces louanges, mais ce qu'elle voit surtout en votre personne, c'est l'homme bon et humain, vraie Providence des faibles, qui la guide avec tant de zèle et de succès dans sa mission d'assistance et de solidarité confraternelles. Vos collègues de l'Association savent que vous n'avez jamais déserté le poste où leur confiance vous avait placé : ils vous ont vu, au milieu des préoccupations les plus graves et des affaires les plus pressantes, trouver toujours le loisir de vous consacrer aux malheureux, et prodiguer votre temps et vos peines en faveur des déshérités de la profession médicale. Si tous ceux que vous avez soutenus, aidés, consolés, se trouvaient ici, l'enceinte où nous sommes ne suffirait pas à les contenir. L'hommage que je vous apporte en leur nom ne sera pas, j'en suis certain, le moins sensible à votre cœur.

DISCOURS

M. SÉAILLES

Monsieur le Professeur et Cher Président d'honneur,

Les médecins syndiqués de Paris et du département de la Seine m'ont chargé de vous apporter ici, en cette solennelle circonstance, l'expression de leur sympathie. Presque tous sont vos élèves, ils sont dans cette salle, prouvant qu'ils ont gardé de leur éminent maître le meilleur souvenir. Mais c'est surtout au Président d'honneur du Syndicat des médecins de la Seine que je viens rendre hommage.

Vous nous avez soutenu, vous nous avez encouragé, lorsque vous étiez le doyen aimé de cette Faculté. L'enfant a grandi, l'adulte tient à vous remercier de vos soins.

Quand nous vous avons choisi pour être notre Président d'honneur, nous vous rendions un honneur mérité, mais nous savions aussi que vous seriez l'étoile qui guiderait nos eunes confrères vers notre syndicat, œuvre de défense des intérêts moraux, matériels et économiques de notre belle profession.

Merci donc, au nom de tous les médecins syndiqués de la Seine. J'ajouterai, cher maître, l'assurance de ma vieille et respectueuse amitié.

4

DISCOURS

DE

M. DEBOVE

Mon Cher Collègue,

Il y a trente-cinq ans, je vous vis pour la première fois chez notre maître Lorain.

Vous aviez déjà cette parole facile, cette exposition claire qui vous permettent d'intéresser un auditoire quand vous l'initiez aux questions les plus ardues. Vous aviez aussi ce je ne sais quoi qui engendre la sympathie et qui a fait vos amis tous ceux qui vous ont approché.

Lorsque nous eûmes la douleur de perdre Lorain, vous avez passé de longues veilles à réunir ses manuscrits et vous avez publié son œuvre posthume, montrant ainsi que la mort ne peut éteindre une dette de reconnaissance contractée envers nos maîtres.

Vous avez été récompensé par l'attachement de vos élèves.

Les sympathies qui vous entouraient ont facilité votre carrière.

Vous avez été un jeune professeur, un jeune doyen, vous êtes un jeune doyen honoraire.

Pendant votre décanat, négligeant vos intérêts personnels, vous avez consacré toute votre activité aux intérêts de l'Ecole, écoutant avec bienveillance les réclamations de chacun, cherchant toujours à développer notre enseignement scientifique et professionnel.

Puissent, vos successeurs, sortir du décanat, comme vous, acclamés par leurs élèves, entourés des sympathies et des témoignages de gratitude de leurs collègues.

DISCOURS

DE

M. CHAUMIÉ

Monsieur le Professeur,
Messieurs,

LA cérémonie qui nous réunit aujourd'hui est particuliè-rement touchante. Autour d'un maître éminent, ceux qui ont reçu ses leçons, qu'ont soutenu ses conseils, se groupent avec ses amis, pour lui témoigner solennellement à la fois leur reconnaissance affectueuse et leur respectueuse admi-ration.

Une médaille, œuvre de l'un de nos plus grands artistes, consacre le souvenir de cette manifestation et de ce jour. Ce m'est une joie vive et aussi une fierté que d'avoir à pré-sider pareille fête.

La vie de M. le professeur Brouardel consacrée tout entière à la science, au service de son pays et à l'humanité, est digne d'être donnée en exemple.

Quels progrès il a fait faire à cette science si difficile de la médecine légale qui exige une méthode si sûre, une obser-vation si attentive, un sens critique si prudent et si pénétrant.

Le rôle du médecin légiste prend de jour en jour, au civil comme au criminel, une importance plus considérable. C'est lui seul, souvent, dont les constatations, permettent d'apporter la lumière dans les affaires les plus mystérieuses. Les erreurs peuvent entraîner les conséquences les plus redoutables.

L'enseignement qui le forme est d'une haute portée sociale.

La part qu'a prise M. le professeur Brouardel à son organisation et à son développement, par ses leçons et par ses livres, suffirait seule à porter son nom au premier rang dans cette Faculté de médecine de Paris si grande à tant de titres.

Mais vous n'avez pas borné là, monsieur, votre activité et l'effort de votre esprit. De nombreuses publications de médecine interne et générale attestent à la fois l'étendue de votre savoir, la valeur de vos recherches, votre haute maîtrise.

Votre long décanat vous a donné souvent l'occasion de faire preuve de vos éminentes qualités d'administrateur, et de votre dévouement à cette maison, à ses maîtres, et à ses élèves.

Une science dont l'utilité jadis était trop méconnue, et dont on ne saurait aujourd'hui proclamer trop haut le rôle essentiel et les bienfaits, l'hygiène a sollicité aussi votre énergique labeur. Vous vous y êtes donné, et sur ce terrain encore quel hommage est à rendre au nombre et à la grandeur de vos services !

Président depuis longtemps déjà du Comité consultatif d'hygiène de France, vous avez porté dans ces fonctions votre autorité coutumière. Avec quel éclat, vous avez représenté le gouvernement dans les grands Congrès internationaux. N'est-ce pas à Venise que, comme ailleurs, par votre savoir, votre éloquente dialectique, l'ascendant de votre talent et de votre passé, vous faisiez triompher vos idées et jetiez sur votre pays un lustre nouveau ?

Que de fois le gouvernement a fait appel à votre concours et à vos lumières ; quelle collaboration précieuse il a reçue de vous à des degrés divers, quelle part vous avez prise dans la préparation et l'élaboration de grandes lois intéressant la protection de la santé publique ! Je suis heureux, au nom du gouvernement, de vous en témoigner ici notre profonde gratitude.

Cette vie si admirablement remplie, vous la couronnez par un apostolat. La tuberculose, ce mal terrible qui décime l'humanité, peut être évitée, combattue, guérie. A la tête de l'admirable croisade organisée pour mener la guerre contre ce fléau, vous vous êtes placé. De votre ardeur confiante, vous animez les courages, dissipez les hésitations, réconfortez les défaillances et vous préparez pour une échéance peut-être encore lointaine mais sûre, le succès.

Par ainsi, Monsieur, vous avez pris place au nombre de ceux dont les bienfaits ont droit à la reconnaissance de l'humanité.

RÉPONSE

DE

M. BROUARDEL

Monsieur le Ministre,
    Mes Chers Amis,

En vous entendant tracer avec une si grande bienveillance les diverses phases de ma carrière, j'ai dû m'avouer que j'ai été un homme heureux !

A mon âge, j'ai conservé vivantes les affections qui ont entouré mon berceau, d'autres non moins gracieuses sont venues plus tard les compléter.

Depuis le collège, depuis mon internat dans les hôpitaux de Paris, j'ai été entouré par des amitiés qui toutes me sont restées fidèles.

La mort seule a rompu celles que j'avais contractées avec Milne-Edwards, Dehérain, Charles Garnier, Siredey.

Chef de service, j'ai eu le bonheur de grouper autour de moi des élèves dévoués, dont beaucoup sont devenus mes collaborateurs.

Quand, par la confiance de mes collègues, j'ai eu le grand honneur d'être quatre fois élu doyen de la Faculté de médecine de Paris, j'ai eu pour guides des conseillers, MM. Liard et Gréard, qui ne m'ont pas ménagé les marques de leurs sentiments affectueux ; c'est à eux que je dois d'avoir trouvé auprès des grands maîtres de l'Université, que j'ai approchés, un accueil qui a singulièrement facilité ma tâche.

Si l'œuvre que je laisserai après moi n'est pas plus complète, je ne dois accuser que moi-même, les encouragements, les appuis ne m'ont plus manqué, je ne puis invoquer aucune excuse.

En ce jour, mes chers amis, où vous m'avez découvert tant de mérites, je tiens à faire une place à la vérité. Quelques aveux vous montreront que si j'ai une petite partie des qualités que vous m'avez généreusement attribuées, je ne suis pas seul responsable.

En 1858, les circonstances m'ont appelé, moi, jeune externe, à remplir les fonctions d'interne à l'hôpital Cochin. La salle de garde comptait trois personnes : Marey, Léon Labbé et moi. Labbé m'initiait aux beautés de la chirurgie, à laquelle il trouvait des charmes passionnants, je ne l'ai pas oublié.

Mais mon véritable maître scientifique fut Marey. Déjà, à cette époque, il était en pleine possession de la méthode scientifique qu'il devait appliquer aux problèmes les plus délicats de la physiologie.

Dans la recherche de la vérité, il avait l'horreur de l'à peu près. Avec une aimable ironie, il me plaisantait lorsqu'il m'arrivait de tenir pour démontré un fait probable, presque certain, mais non rigoureusement établi. Nul n'a possédé à un si haut degré que lui le sens de la précision scientifique.

C'est en m'inspirant de ces règles que je me suis efforcé de répondre aux questions qui m'étaient posées, lorsque j'ai eu l'honneur d'être appelé à soutenir les conclusions de mes expertises devant les tribunaux.

Marey m'a donné un autre exemple tout aussi précieux. La critique d'une œuvre peut être scientifiquement sévère, mais ses limites sont fixées par le fait sur lequel elle porte; l'adversaire doit toujours être supposé de bonne foi; si dans la discussion vous ne parvenez pas à le convaincre, la faute en est à vous et non à lui, vous n'avez pas su trouver l'argument décisif, celui qui aurait clos le débat.

Marey n'aura probablement manqué qu'une fois dans sa vie à la rigueur de cette méthode, c'est quand il a écrit l'allocution que vous venez d'entendre. Si on appliquait aux mérites qu'il m'a attribués, les principes qu'il a si souvent exposés, le jugement serait moins flatteur, mais plus juste.

A cette époque déjà lointaine, Chauveau et Marey faisaient leurs mémorables travaux sur la circulation du sang, je fus leur jeune témoin, leur élève, ils m'ont donné toute leur amitié et une partie de leur science, je leur en témoigne aujourd'hui ma profonde reconnaissance.

Quelques années plus tard, une impression d'un autre ordre donna à ma carrière une direction, un but vers lequel j'ai toujours marché.

En 1868, Fauvel, alors médecin sanitaire à Constantinople, publia son traité du choléra.

Deux années de suite, l'épidémie avait sévi sur les pèlerins de la Mecque; chaque fois par des mesures bien étudiées, Fauvel avait réussi à préserver l'Europe de l'invasion cholérique.

Pour épargner à la France 50 à 100 000 morts, taux habituel d'une épidémie de choléra, pour lui épargner également les ruines commerciales et les misères qui l'accompagnent, il avait donc suffi de formuler des règles bien coordonnées et ce qui est plus difficile, surtout en pays musulman, de les faire appliquer.

Procéder, pour lutter contre les maladies contagieuses exotiques ou autochtones, comme Fauvel avait procédé contre le choléra, fut dès ce jour mon idéal.

Nous ne sommes pas encore en 1870. A cette époque, grâce à votre enviable jeunesse, beaucoup d'entre vous l'ignorent, les médecins niaient la contagion de presque toutes les maladies. On contestait celle de la fièvre typhoïde, du choléra et même celle de la variole !

On discutait sur l'innéité, la spontanéité, la spécificité des maladies. Ceux qui n'ont pas connu cette phase de l'histoire de la médecine ne se douteront jamais de l'effort qu'ont dû accomplir ceux qui réussirent à remonter le courant des idées régnantes.

Les précurseurs furent : Villemin qui, en 1865, démontra la contagion de la tuberculose ; Chauveau, dont les travaux sur les virus n'ont pas vieilli ; Lorain, Tarnier, qui établirent la réalité et les conditions de contagion de la fièvre puer-pérale.

Puis vint l'épopée pastorienne ! Qui donc aujourd'hui se souvient des discussions dont retentissaient il y a quarante ans les tribunes académiques ?

Cette révolution dans les dogmes médicaux a été accomplie par des Français ; la doctrine est fixée ; je voudrais que la France fût la première à recueillir ses bienfaits.

La carrière médicale dans laquelle vous entrez, vous, mes jeunes camarades, a changé dans ses mœurs et dans son objectif.

La médecine était l'art de guérir, — c'est encore la définition

classique, — elle a maintenant un double but : préserver les
humains des maladies évitables, puis, si les mesures ont
échoué, guérir les victimes d'une prophylaxie restée ineffi-
cace.

Le peuple ne s'y est pas trompé, il sait que quand l'une de
ces maladies atteint le père ou la mère, bien souvent la
famille disparaît tout entière par contagion et misère.

Cette nécessité de prendre les mesures préservatrices
indispensables est aujourd'hui reconnue par tous. L'opinion
publique est conquise. Les dernières lois élaborées par le
Parlement le prouvent; elles ont fait du médecin l'agent sur
lequel repose leur efficacité.

Elles ont été inspirées, et ce sera son éternel honneur, par
le corps médical lui-même.

Qu'on se souvienne, pour n'en citer qu'un, du nom de
M. Théophile Roussel, de son intervention dans la loi de 1850
sur les logements insalubres, de la loi sur la protection de
l'enfance en 1874.

Je vous disais: l'opinion publique est faite, elle l'est telle-
ment qu'elle trouve ces lois insuffisantes. Il se crée de toute
part des ligues, les unes contre les maladies qui déciment
nos populations, les autres pour protéger l'enfant, l'ou-
vrier, etc.

La population a raison, elle a foi dans la science et dans
ceux qui ont parlé en son nom. Ceux-ci ont proclamé
qu'il y a des maladies évitables. Nous sommes moralement
obligés de passer de la conception à la réalisation.

Vous, messieurs, qui avez encore de longues années devant
vous, vous tiendrez les promesses faites par vos anciens
maîtres.

Vous vous heurterez à bien des difficultés. Quand j'étais jeune, on disait que j'étais entêté ; par politesse vous ne prononcez pas aujourd'hui le mot d'entêtement, vous dites: persévérance. Vous, aussi, soyez obstinés dans la lutte, pour la santé de vos concitoyens. Ne vous laissez jamais décourager.

Quant à moi, grâce à ce défaut-qualité, je poursuivrai cette croisade, heureux si je crois faciliter à d'autres d'atteindre le but qui a été la visée de ma vie tout entière.

> Monsieur le Ministre,
>   Mes Chers Amis,
>   Mes Chers Élèves,

Je vous remercie du fond du cœur d'avoir organisé cette fête, je vous remercie d'avoir eu la bonne inspiration de demander à un maître, M. Roty, d'en fixer le symbole. Vous m'avez réservé une dernière joie, cette médaille est un chef-d'œuvre.

Je la garderai sous mes yeux, elle me rappellera, jusqu'à mon dernier jour, quelle reconnaissance je dois à vous tous, pour les témoignages d'amitié dont vous m'avez comblé toute ma vie et pour ceux si émotionnants que vous me donnez en ce jour.

Encore une fois, du fond du cœur, à vous tous, merci.

LISTE DES SOUSCRIPTEURS

A LA MÉDAILLE DU Pr BROUARDEL

Pr Abelous, Toulouse.
Dr Achard, Paris.
Pr Adam, Alfort.
Dr Albarran, Paris.
Dr Amoedo, Paris.
Mr Andouard, Nantes.
Dr André, Paris.
Dr Ardouin, Nice.
Association amicale des anciens Élèves du Lycée d'Orléans.
Mr Atthalin, Paris.
Dr Auclair, Paris.
Mr Aucoc, Paris.
Dr Baillière, Paris.
Mr Baillière (H.), Paris.
Dr Ballet, Paris.
Dr Balzer, Paris.
Dr Bar, Paris.
Dr Barbier, Paris.
Dr Barette, Paris.
Dr Barié, Paris.
Pr Barrier, Alfort.
Dr Barth, Paris.
Dr Bastard, Paris.
Dr Bataille, Rouen.

Mr Baudoin, Paris.
Pr Baudry, Lille.
Dr Bazy, Paris.
Mr Bechmann, Paris.
Dr Béclère, Paris.
Pr Becquerel, Paris.
Pr Béhal, Paris.
Pr Berger, Paris.
Pr Bergonié, Bordeaux.
Pr Berthelot, Paris.
Dr Besnier, Paris.
Dr Beurmann (de), Paris.
Mr Bezançon, Paris.
Mr Bischoffsheim, Paris.
Pr Blanchard, Paris.
Dr Blum, Paris.
Dr Boinet, Marseille.
Dr Boissier, Boulogne-s.-Seine.
Dr Boix, Paris.
Dr Bonnaire, Paris.
Dr Bonnet, Paris.
Dr Boquel, Angers.
Pr Bouchard, Paris.
Mr Bouchez (C.), Paris.
Mr Bouchez (P.), Paris.

Dr Bouffe-de-St-Blaise, Paris.
Mr Bouffet, Paris.
Mr Bouguereau, Paris.
Dr Bouilly, Paris.
Dr Bouley, Beaune.
Dr Boulloche, Paris.
Dr Bourges, Paris.
Pr Bourquelot, Paris.
Dr Boursier, Paris.
Dr Bousquet, Clermont-Ferrand.
Dr Boyer, Lyon.
Dr Brault, Alger.
Mr Bret, Paris.
Me Bret, Paris.
Mr Breton, Paris.
Dr Brettauer, Trieste.
Dr Briand, Villejuif (Seine).
Dr Brin, Angers.
Dr Broca (André), Paris.
Dr Broca (Auguste), Paris.
Dr Brocq, Paris.
Me Brouardel, Paris.
Mr Brouardel (E.), Paris.
Dr Brouardel (G.), Paris.
Mr Brouardel (P.), Paris.
Mr Bruman, Paris.
Dr Brun, Paris.
Dr Bucquoy, Paris.
Pr Budin, Paris.
Pr Bureau, Paris.
Dr Bureau, Nantes.
Pr Cadiot, Alfort.
Pr Calmette, Lille.
Dr Campenon, Paris.
Dr Camus, Paris.
Pr Cannieu, Bordeaux.
Pr Carlier, Lille.
Dr Carron de la Carrière, Paris.
Mr Carroz, Paris.

Dr Cartaz, Paris.
Mr Carvallo, Paris.
Dr Castex, Paris.
Dr Cavaré , l'Isle-en-Jourdain (Gers).
Dr Cazin, Paris.
Dr Chabrié, Chaville (S.-et-O.).
Dr Chambon, Paris.
Dr Champetier de Ribes, Paris.
Dr Championnière (J.-L.), Paris.
Me Chancel, Paris.
Dr Chanson, Paris.
Mr Chaperon, Paris.
Me Chaperon, Paris.
Me Chaperon (P.), Paris.
Mr Chaperon (A.), Paris.
Me Charras, Paris.
Dr Charrin, Paris.
Dr Chaslin, Paris.
Dr Chassevant, Paris.
Dr Chauffard, Paris.
Pr Chauveau, Paris.
Dr Chédevergne, Poitiers.
Dr Chervin, Paris.
Dr Christian, St-Maurice (Seine).
Dr Claisse, Paris.
Mr Cléry, Paris.
Dr Collet, Lyon.
Mr Combarieu, Paris.
Dr Combe, Paris.
Pr Combemale, Lille.
Dr Commenge, Paris.
Dr Comte, Paris.
Mr Cornuault, Paris.
Mr Crété, Corbeil.
Dr Critzman, Paris.
Dr Crivelli, Melbourne.
Mr Cros-Mayrevieille , Narbonne.

Dr Crouzat, Toulouse.
Dr Cruet, Paris.
Dr Cunéo, Paris.
Pr Darboux, Paris.
Pr Dastre, Paris.
Pr Debove, Paris.
Me Dehau, Paris.
Pr Dehérain, Paris.
Pr Dejerine, Paris.
Dr Delacour, Rennes.
Mr Delagrave, Paris.
Dr Delanglade, Marseille.
Mr Delaunay-Belleville, Neuilly-s.-Seine.
Dr Delbet (Paul), Paris.
Dr Delbet (Pierre), Paris.
Dr Delpeuch, Paris.
Dr Demange, Nancy.
Mr Demombynes, Paris.
Dr Deschamps, Paris.
Mr Deschanel (Paul), Paris.
Dr Descour, Paris.
Mr Descours-Desacres, Paris.
Dr Descoust, Paris.
Dr Desgrez, Paris.
Dr Desnos, Paris.
Dr Des Tureaux, Suresnes.
Pr Dieulafoy, Paris.
Mr Dreyfus (Ferdinand), Paris.
Dr Dreyfus-Brissac, Paris.
Mr Drake, Paris.
Dr Dubuc, Paris.
Dr Du Castel, Paris.
Mr Duchesne-Fournet, Paris.
Mr Duchesne-Fournet (J.), Paris.
Mr Duchesne-Fournet (P.), Paris.
Me Duchesne-Fournet (M.), Paris.
Dr Duflocq, Paris.
Me Dumas (Jean-Baptiste), Paris.

Pr Duplay, Paris.
Dr Dupont, Paris.
Dr Dupré, Paris.
Dr Durand-Fardel, Paris.
Dr Duret, Paris.
Dr Durieux, Paris.
Pr Duval (Mathias), Paris.
Mr Ehrmann, Paris.
Dr Etienne, Nancy.
Dr Faisans, Paris.
Dr Faivre, Paris.
Pr Farabeuf, Paris.
Dr Faure, Paris.
Pr Ferré, Bordeaux.
Dr Ferrier, Paris.
Me Ferry (Jules), Paris.
Mr Fery d'Esclands, Paris.
Dr Fiaux, Paris.
Mr Flahaut, Paris.
Me Floquet (Charles), Paris.
Pr Fochier, Lyon.
Dr Fournié, Limoges.
Pr Fournier, Paris.
Dr Fredet, Paris.
Mr Frémiet, Paris.
Dr Funck-Brentano, Paris.
Dr Gaillard, Paris.
Dr Galezowski, Paris.
Dr Galippe, Paris.
Pr Gariel, Paris.
Me Garnier (Charles), Paris.
Dr Garnier, Paris.
Dr Gastou, Paris.
Pr Gaucher, Paris.
Dr Gauderon, Doubs.
Pr Gaudry, Paris.
Pr Gautier, Paris.
Dr Gautiez, Paris.
Mr Générès, Paris.

Dʳ Gérard-Marchant, Paris.
Mʳ Gerhardt, Paris.
Mʳ Ghesquière-Diérichx, Paris.
Pʳ Gilbert, Paris.
Dʳ Gilles de la Tourette, Paris.
Dʳ Girard, Grenoble.
Mʳ Girard (J.), Paris.
Mʳ Girard, Paris.
Mʳ Glasson, Paris.
Dʳ Gley, Paris.
Dʳ Gombault, Paris.
Dʳ Gouget, Paris.
Dʳ Gouguenheim, Paris.
Mʳ Gouïn (J.), Paris.
Dʳ Goujon, Paris.
Pʳ Grancher, Paris.
Mʳ Grandidier, Paris.
Dʳ Granjus, Paris.
Cᵉ Greffulhe, Paris.
Dʳ Guiart, Paris.
Dʳ Guillemain, Paris.
Dʳ Guillemet, Nantes.
Pʳ Guyon, Paris.
Mᵉ Hachette, Paris.
Dʳ Hallopeau, Paris.
Dʳ Hamelin, Montpellier.
Mʳ Hanotaux, Paris.
Dʳ Hanriot, Paris.
Mᵉ Hardy, Paris.
Dʳ Hartmann, Paris.
Dʳ Haushalter, Nancy.
Mʳ Hautefeuille, Paris.
Pʳ Hayem, Paris.
Dʳ Heilly (d'), Paris.
Dʳ Henrot, Reims.
Dʳ Hérard, Paris.
Mᵉ Herbet, Paris.
Dʳ Heurtaux, Paris.
Mʳ Heuzey, Paris.

Pʳ Himly, Paris.
Dʳ Hirtz (E.), Paris.
Dʳ Hirtz (L.), Paris.
Dʳ Hogg, Paris.
Dʳ Huchard, Paris.
Dʳ Hudelo, Paris.
Dʳ Huet, Paris.
Mʳ Hugues (F.), Saint-Quentin.
Pʳ Hutinel, Paris.
Dʳ Jacquet, Paris.
Dʳ Jagot, Angers.
Dʳ Jalaguier, Paris.
Dʳ Javal, Paris.
Dʳ Jeanne, Rouen.
Dʳ Jeanselme, Paris.
Mʳ Jéramec, Paris.
Mʳ Jobez, Alger.
Pʳ Joffroy, Paris.
Mʳ Jordan, Paris.
Dʳ Josias, Paris.
Dʳ Jouon, Nantes.
Mᵉ Jousset, Paris.
Mʳ Jousset, Paris.
Dʳ Julien, Paris.
Dʳ Jullien (L.), Paris.
Pʳ Jungfleisch, Paris.
Dʳ Klippel, Paris.
Dʳ Knopf, New-York.
Dʳ Kuss, Angicourt.
Dʳ Labadie-Lagrave, Paris.
Dʳ Labbé (Léon), Paris.
Dʳ Labéda, Toulouse.
Mʳ Labiche, Paris.
Dʳ Laborde, Paris.
Pʳ Lacassagne, Lyon.
Pʳ Lacaze-Duthiers (de), Paris.
Mʳ Lachelier, Paris.
Dʳ Lacronique, Paris.
Dʳ Laget, Marseille.

Dr Landolt, Paris.
Pr Landouzy, Paris.
Dr Landrieux, Paris.
Dr Lanessan (de), Écouen (S.-et-O.).
Pr Lannelongue, Paris.
Dr Lannois, Lyon.
Pr Lapersonne (de), Paris.
Me Lapierre, Fontainebleau.
Mr Larnaude, Paris.
Dr Laroche, Angers.
Dr Laugier, Paris.
Dr Launois, Paris.
Mr Laurent, Paris.
Mr Laussedat, Paris.
Dr Laussedat, Paris.
Mr Lauth, Paris.
Me Lavallée, Paris.
Dr Laveran, Paris.
Pr Layet, Bordeaux.
Mr Léauté, Paris.
Me Leblanc, Paris.
Dr Leboucq, Paris.
Dr Lebrun, Paris.
Pr Le Dentu, Paris.
Dr Le Double, Tours.
Dr Legludic, Angers.
Me Legroux, Paris.
Dr Legry, Paris.
Dr Legueu, Paris.
Mr Leidié, Paris.
Dr Lejars, Paris.
Mr Lemaire (Jules), Paris.
Mr Lemercier, Paris.
Dr Le Noir, Paris.
Dr Lepage, Paris.
Dr Le Pileur, Paris.
Pr Lépine, Lyon.
Mr Lépine (Louis), Paris.

Dr Lereboullet, Paris.
Mr Le Roy Beaulieu (Anatole), Paris.
Dr Le Roy des Barres, Saint-Denis.
Mr Letrosne, Paris.
Dr Letulle, Paris.
Dr Lévy (Emmanuel), Paris.
Pr Leyden (von), Berlin.
Mr L'Hôte, Paris.
Me Liénard (de), Alençon.
Mr Lœwy (Maurice), Paris.
Mr Loncq, Laon.
Me Lorain, Paris.
Pr Lortet, Lyon.
Mr Loyer, Paris.
Mr Lozé, Paris.
Mr Lyon-Caen, Paris.
Dr Malherbe, Nantes.
Me Mallet, Paris.
Mr Mallet, Paris.
Dr Manouvriez, Valenciennes.
Pr Marey, Paris.
Dr Marfan, Paris.
Dr Marie, Paris.
Dr Martha, Paris.
Dr Martin (C.-H.), Paris.
Dr Martin (H.), Paris.
Dr Martin (A.-J.), Paris.
Mr Marty, Paris.
Mr Marx (Roger), Paris.
Mr Masson (L.), Paris.
Mr Masson (P.-V.), Paris.
Dr Mathieu, Paris.
Dr Mauclaire, Paris.
Dr Maurel, Paris.
Dr Mauriac, Paris.
Pr Mayet, Lyon.
Dr Maygrier, Paris.

Mr MÉGNIN, Vincennes.
Mr MEILLÈRE, Paris.
Dr MÉNÉTRIER, Paris.
Dr MÉNIÈRE, Paris.
Dr MERKLEN, Paris.
Dr MÉRY, Paris.
Dr MEURIOT, Paris.
Dr MICHON, Paris.
Dr MILLARD, Paris.
Pr MOISSAN, Paris.
Dr MOLÈNES (DE), Paris.
Dr MONNIER, Nantes.
Dr MONOD (C.), Paris.
Dr MONOD (H.), Paris.
Pr MORACHE, Bordeaux.
Dr MOSNY, Paris.
Dr MOTET, Paris.
Mr MOURIER, Paris.
Pr NABIAS (DE), Bordeaux.
Dr NEPVEU, Marseille.
Dr NETTER, Paris.
Pr NOCARD, Alfort.
Dr NOGUÉ, Paris.
Dr NOIR, Paris.
Dr NOTTA, Lisieux.
Dr ODDO, Marseille.
Mr OGER DU ROCHER, Fontaine-
    bleau.
Dr OGIER, Paris.
Dr OLLIVE, Nantes.
Dr OMBREDANNE, Paris.
Dr OULMONT, Paris.
Mr PALLAIN, Paris.
Dr PAMARD, Avignon.
Pr PANAS, Paris.
Mr PASCAL, Paris.
Dr PASTEAU, Paris.
Mr PASTEUR (J.-B.), Paris.
Mr PEIXOTTO, Paris.

Dr PÉPIN, Dinan.
Dr PÉRIER, Paris.
Dr PERRET, Rennes.
Dr PERRIN, Marseille.
Dr PERRIN DE LA TOUCHE, Rennes.
Dr PETIT (André), Paris.
Mr PETTIT, Paris.
Dr PEYROT, Paris.
Dr PHILBERT, Paris.
Dr PHILIPPE, Paris.
Dr PHISALIX, Paris.
Dr PIETKIEWICZ, Paris.
Pr PITRES, Bordeaux.
Dr POINSOT, Paris.
Pr POIRIER, Paris.
Dr PORAK, Paris.
Me POTHIER, Paris.
Pr POUCHET, Paris.
Me POUPARDIN DU RIVAGE, Paris.
Pr POZZI, Paris.
Pr PROUST, Paris.
Dr PROUST, Paris.
Pr PRUNIER, Paris.
Mr PUECH, Paris.
Mr PUJALET, Paris.
Dr QUÉNU, Paris.
Dr QUEUDOT, Paris.
Dr QUILLOT, Frangey (Yonne).
Pr RAYMOND, Paris.
Dr RECLUS, Paris.
Dr REILLE, Paris.
Dr RÉMY, Paris.
Dr RENAULT, Paris.
Dr RENDU, Paris.
Dr RÉNON, Paris.
Dr RETTERER, Paris.
Dr REYNOUARD, Paris.
Me RIBOT, Paris.
Dr RICHARDIÈRE, Paris.

Dr Richelot, Paris.
Dr Richer (Paul), Paris.
Pr Richet, Paris.
Dr Rieffel, Paris.
Mr Risler (Ch.), Paris.
Mr Ritti, Saint-Maurice (Seine).
Dr Robin (Albert), Paris.
Dr Roger, Paris.
Be Rothschild (James de), Paris.
Bo Rothschild (H. de), Paris.
Dr Roubinovitch, Paris.
Dr Rousseau, Paris.
Mr Roussel, Paris.
Dr Roux, Paris.
Mr Rudeval (R. de), Paris.
Dr Saint-Yves-Ménard, Paris.
Dr Sandras, Saint-Mandé.
Dr Sauvez, Paris.
Dr Schwartz, Paris.
Dr Sée (Marcel), Paris.
Dr Segall, Paris.
Dr Séglas, Paris.
Dr Segond, Paris.
Dr Séné, Pauillac (Gironde).
Dr Sersiron, Paris.
Mr Servois, Paris.
Dr Sevestre, Paris.
Mr Seynes (de), Paris.
Mr Siegfried (Jules), Paris.
Dr Siredey, Paris.
Dr Socquet, Paris.
Dr Soulié, Alger.
Pr Spillmann, Nancy.
Mr Steinheil, Paris.

Pr Stoicesko, Bucarest.
Dr Suarez de Mendoza, Paris.
Pr Surmont, Lille.
Syndicat des Médecins de la Seine, Paris.
Dr Teissier, Paris.
Pr Teissier, Lyon.
Me Terrillon, Paris.
Dr Thibierge, Paris.
Dr Thierry (H.), Paris.
Dr Thiéry (P.), Paris.
Dr Thoinot, Paris.
Pr Tillaux, Paris.
Mr Tisserand, Paris.
Dr Tissier (L.), Paris.
Dr Touche, Brévannes (S.-et-O.).
Mr Tripier, Paris.
Dr Troisier, Paris.
Dr Trolard, Alger.
Pr Troost, Paris.
Dr Trousseau, Paris.
Pr Vergely, Bordeaux.
Dr Vibert, Paris.
Dr Vignard, Nantes.
Dr Villar, Bordeaux.
Mr Vivier de Streel (du), Paris.
Mr Voisin, Paris.
Dr Wallich, Paris.
Dr Walther, Paris.
Dr Weill (A.), Paris.
Dr Weiss, Paris.
Dr Widal, Paris.
Dr Wurtz, Paris.
Mr Yvon, Paris.
Dr Zambaco, Constantinople.

9 782014 455359